AF224122

UN
SCANDALE POLITIQUE

LE MARQUIS DE LA JONQUIÈRE

PRÉFET DE L'AUDE.

LETTRE

à M. CHEVANDIER DE VALDROME

MINISTRE DE L'INTÉRIEUR.

PARIS

IMPRIMERIE GÉNÉRALE DE CH. LAHURE

9, RUE DE FLEURUS, 9

—

1870

A SON EXCELLENCE

M. CHEVANDIER DE VALDROME

MINISTRE DE L'INTÉRIEUR.

———————————

Monsieur le Ministre,

Une situation nouvelle appelle nécessairement des hommes nouveaux. Tout le monde, en France, attendait donc du nouveau ministère un large remaniement du personnel de l'administration publique. Le remaniement pouvait-il être complet ? Étiez-vous tenus, vous et vos collègues, de faire table rase en prenant en main le pouvoir ?

Je ne suis pas de ceux qui imposent à tout cabinet parlementaire les attributions d'une société générale de déménagement. On n'invente pas du jour au lendemain des fonctionnaires habiles et fermes, des administrateurs qui aient le double mérite de l'initiative et de l'expérience. Une révolution qui triomphe ne manque jamais de commissaires extraordinaires; un coup d'État qui réussit trouve toujours des serviteurs exceptionnels. Mais parmi ces hommes d'action, investis par les circonstances d'une autorité presque absolue, combien en est-il qui sachent se transformer sans rien compromettre pour exercer utilement une autorité régulière? combien qui, après avoir été des combattants en fonctions, sachent devenir de paisibles magistrats ? Presque tous les gouvernements se voient obligés de faire des préfets nouveaux avec des préfets en retraite ou d'anciens sous-préfets.

Vous saviez cela, monsieur le Ministre, quand tout récemment, à la Chambre, dans une prudente réplique à M. Jules Ferry, vous définissiez ainsi vous-même la généreuse tactique du premier cabinet parlementaire de l'Empire :

« Je ne fais pas, disiez-vous, la guerre aux personnes, je juge les choses, je cherche le bien, le redressement de ce qui a pu être mauvais ; et quand je trouve des *personnes honorables* qui sont attaquées, je es défends comme c'est mon devoir.... »

La guerre aux personnes, et même aux personnes honorables, il est bien difficile de l'éviter, quoi qu'on en ait, lorsqu'on passe du gouvernement personnel au gouvernement parlementaire, lorsqu'on est mis en demeure de juger les choses, lorsqu'on se propose, selon vos propres expressions, de chercher le bien, et de redresser ce qui a pu être mauvais. Comment isoler absolument les personnes et les choses, les hommes et les faits, la doctrine et la pratique, la pensée et l'exécution? L'œuvre de redressement que vous tentez rencontrerait des difficultés insurmontables, si vous

exigiez en principe, par une magnanimité inouïe, l'irresponsabilité des agents supérieurs du gouvernement.
Il n'existe pas, je l'affirme, de haut fonctionnaire qui
ne se sente responsable de sa gestion politique, bien
que sa responsabilité ne soit pas formellement inscrite
dans la loi. Quel est le préfet intelligent, même sous
une dictature, qui voudrait ne rendre compte de ses
actes qu'au télégraphe du ministère de l'intérieur, en
écartant toute solidarité avec le ministre dont l'index
fait tourner la manivelle du télégraphe ?

Sous l'Empire autoritaire, une semblable préten-
tion eût semblé inadmissible ; sous l'Empire libéral,
elle serait absurde et ridicule.

Vous avez donc été obligé de faire dans une cer-
taine mesure la guerre aux personnes, et ce n'est pas
moi qui vous blâmerai d'avoir défendu les personnes
honorables contre d'injustes agresseurs, voire même
contre d'honorables adversaires. Dans les circonstances
actuelles pourtant, vous avez dû vous conformer, malgré les plus louables scrupules, aux dernières paroles
politiques d'un littérateur illustre qui est mort au Sé-
nat, en odeur d'opposition :

« Il faut bien se dire, écrivait Sainte-Beuve en pré-
vision d'un ministère libéral, qu'il devra y avoir par
tout le corps social, par toute la machine administrative, de haut en bas et jusque dans les dernières
branches, circulation d'un même esprit, d'une même
intention, sans quoi tout ira mal, sans concert, avec
décousu et tirage en sens inverse.... Il importe que
de haut en bas le mot d'ordre soit changé.... Si l'on
écrit dans la constitution que les ministres sont respon-
sables, il faudra peut-être qu'on écrive aussi dans la
loi que tous les fonctionnaires le sont, depuis le pré-

fet jusqu'au garde champêtre, et, dans tous les cas, il faudra qu'ils se conduisent comme s'ils l'étaient... »

Nous n'en sommes pas encore à réclamer la responsabilité des gardes champêtres, mais qui oserait sounir l'irresponsabilité des préfets ?

Le ministère nouveau avait donc le droit, en même temps que le devoir, de sacrifier ou de déplacer une grande partie des préfets qui avaient été les auxiliaires du régime disparu. Qui fallait-il sacrifier, qui fallait-il déplacer ?

Il y a toujours eu des fonctionnaires serviles et des fonctionnaires librement dévoués. Je ne me dissimule pas que la servilité, sous tous les régimes, est souvent une garantie d'avenir; mais cela ne saurait m'empêcher de remarquer, en ce temps de liberté renaissante, que les seuls fonctionnaires dignes du pouvoir sont ceux qui ne tombent jamais du côté où l'on penche. Esprits judicieux et hardis, résolus et modérés, ces dépositaires de l'autorité savent toujours préserver les droits de l'autorité sociale par l'action intelligente de leur autorité personnelle. Sous les gouvernements de dictature et d'influence directe, ils humanisent la dictature et moralisent l'influence souveraine. Libéraux dans l'application des théories absolues, ils se montrent presque autoritaires dans l'application des théories libérales. Voilà les fonctionnaires qu'il est tout naturel de garder, en passant d'un régime à un autre, quand on ne cherche que le bien, et qu'on est uniquement préoccupé comme vous, monsieur le Ministre, d'accomplir une œuvre de redressement social. Avec d'anciens préfets taillés sur ce modèle, on est toujours certain de bien défendre et de bien représenter les pouvoirs nouveaux. Peut-être ces hommes de mérite, aux époques de révolution ou d'évolution, sont-ils plus exposés que les autres, à cause de leur valeur personnelle. Ils étaient en évidence, ils administraient de grandes villes, ils mécontentaient les médiocrités locales, ils avaient attaché leurs noms à des entreprises d'utilité publique.... Ce sont là de terribles griefs, au lendemain des crises importantes du pouvoir social.

La situation nouvelle vous a-t-elle permis, monsieur le Ministre, de maintenir à leur poste ou de mettre glorieusement en réserve d'aussi précieux collaborateurs ? On dirait vraiment que, par crainte d'une méprise, vous vous êtes interdit de prononcer les mots irréparables de révocation ou de destitution. Parmi les fonctionnaires rejetés ou déplacés, les uns ont été relevés de leurs fonctions, les autres appelés à des fonctions nouvelles, celui-ci mis en disponibilité, celui-là mis à la retraite.... Que de nuances savantes, que de délicats euphémismes !

Enfin le Journal officiel a parlé : nous savons maintenant qui arrive et qui part, qui monte et qui descend, qui reste avec dignité, qui se maintient à genoux.

Oh ! vous n'éviterez pas les réclamations de la province, vous n'échapperez pas aux protestations de Paris. Les journaux de la gauche s'écrieront que c'est à recommencer, et vos amis eux-mêmes, surtout les nouveaux, vous accuseront de clémence ou de faiblesse. Entendez-vous déjà les cris des départements ? Limoges redemande M. d'Arnoux, l'Eure regrette, dit-on, M. Janvier de la Motte, et les députés des Deux-Sèvres revendiquent M. Isoard.

Dans la liste de ceux qui partent, il y a sans doute

une omission, monsieur le Ministre, à moins qu'il n'y ait une erreur dans le tableau de ceux qui restent.

Le département de l'Aude tout entier dénonce à haute voix cette omission ou cette erreur : « Quoi! notre préfet ne part pas ! Quoi! M. le marquis nous reste ! »

Et la moitié du département murmure : « *Tolle !* » tandis que l'autre moitié ajoute : « *Libera nos !* » Ces braves gens perdront-ils leur latin à protester ?

Ce qui est certain, monsieur le Ministre, c'est que le maintien du marquis Taffanel de la Jonquière semble le résultat d'une gageure incompréhensible. On vous aura laissé ignorer, je le suppose, l'existence du plus incapable, je dis mieux, du plus impossible de vos quatre-vingt-dix-neuf préfets.

« Un préfet de Carcassonne ! » dira-t-on, mais cela passe inaperçu, cela ne marque pas, cela ne compte pas. Est-ce que le chansonnier Nadaud, qui connaît si bien Carcassonne, a jamais parlé du marquis Taffanel ?

Eh bien, je le déclare, M. Gustave Nadaud a eu tort : car le marquis de la Jonquière est tout à fait digne d'être chansonné, avant d'être révoqué. Au reste, M. le marquis est en passe de devenir célèbre. A Carcassonne on le raille, à Narbonne on le siffle, à Castelnaudary on le persifle, à Limoux on le hue! Les journaux de Paris ont déjà donné sa caricature en prime. Un de nos meilleurs critiques de théâtre, M. Francisque Sarcey, a parlé de lui comme d'un comique égaré en province.

Comique, si l'on veut ! Grotesque, si l'on y tient ! Mais je puis vous assurer, monsieur le Ministre, qu'il n'est pas seulement comique : il est révoltant, il est scandaleux, il est dangereux, il est odieux.

Ne m'accusez pas d'exagération : le scandale est à son comble ! Et comment en serait-il autrement, lorsque le défenseur le plus éhonté des candidatures officielles, lorsque le promoteur *per fas et nefas* de l'élection annulée de Limoux, lorsque le plus jésuitique préfet du gouvernement personnel ose, à l'occasion des nouvelles élections du 6 février, glorifier les *principes nouveaux*, proclamer le *dévouement du ministère libéral*, condamner hautement *les pressions illégitimes*, invoquer pour le choix d'un candidat *les seules inspirations de la conscience* qui ne relève, dit-il, d'aucune puissance humaine ?

« Vous êtes convoqués aux 6 et 7 février pour élire un député « au Corps législatif.

« C'est sous le régime des *principes nouveaux* inaugurés par « l'Empereur et appliqués par *un ministère libéral* et profondé-« ment dévoué au pays que vous êtez appelés à déposer un vote.

« Vous exercerez librement votre droit.

« Votre choix entre les candidats sortira des *seules inspirations* « *de votre conscience* qui ne relève d'aucune puissance humaine; « et nul ne vous demandera compte de vos préférences. Le gou-« vernement vous défendrait au besoin contre des *pressions illé-* « *gitimes*.

« Électeurs, la période électorale va commencer.

« Pour tous, elle doit s'écouler dans le calme et la tranquillité ; « aucune agitation ne doit se produire dans la circonscription.

« Je compte sur le concours de chacun de vous pour le main-« tien absolu de l'ordre, et c'est avec confiance que je m'adresse « à vos sentiments d'honneur et de patriotisme pour empêcher le « retour des scènes que je ne veux pas rappeler et que vous re-« grettez aujourd'hui.

« Vous aurez toutes les libertés, mais toute tentative de dé-« sordre serait énergiquement réprimée.

« Soyez calmes, soyez modérés comme il convient à des hom-« mes libres qui exercent leur droit de citoyen.

« L'attention publique est portée sur vous.

« Montrez-vous dignes du pays, dignes des institutions nou-
« velles qui affermissent l'alliance de l'empire et de la liberté. »

C'est en ces termes, tout à fait dignes d'un libre
penseur, que M. le préfet Taffanel, marquis de la Jonquière, s'adresse, à la date du 16 janvier, aux électeurs sur lesquels il exerçait naguère la plus despoti-
que pression et la plus menaçante influence.

On vous a peut-être vanté cette circulaire, monsieur le Ministre, comme une interprétation coura-
geuse de l'esprit nouveau, comme un sincère hommage rendu au cabinet des honnêtes gens, comme
un habile commentaire de ce *mot d'ordre* régénérateur
qui, selon l'opinion de Sainte-Beuve, devait circuler
de haut en bas, par toute la machine administrative,
par tout le corps social.

Et vous vous êtes dit : « Voilà le magistrat honnête homme, voilà le préfet des temps nouveaux. »

Dans le département de l'Aude, on ne s'explique
pas comment votre religion a pu être surprise. Eh!
bonnes gens, vous ignorez les embarras innombrables
au milieu desquels a débuté le ministère du 2 janvier:
tant de décrets à abroger, tant de lois à préparer, tant
d'amis à conquérir ou à conserver, tant d'ennemis à
combattre ou à satisfaire. L'ensemble des préoccupa-
tions est écrasant : le moyen d'accorder son attention
tout entière à une multitude de petits détails? M. le
préfet Taffanel, marquis de la Jonquière, était pour
M. Chevandier de Valdrôme un tout petit détail sur
lequel il a été mal renseigné, voilà tout.

On devine sans effort la scène qui a dû se re-
nouveler vingt fois en un jour, au ministère de l'in-

térieur, pendant la période de remaniement préfectoral :

Le ministre est seul devant une liste chargée de
noms de préfets : « Taffanel de la Jonquière ! un marquis ! pas d'autres renseignements. Je ne puis cependant le renvoyer ou le garder par cette seule raison
qu'il est marquis. La Jonquière.... ce nom ne me dit
rien.... Taffanel.... pas davantage !... sonnons. »

Coup de timbre ou coup de sonnette. Un employé
du ministère accourt, et c'est celui-là même qui a
renseigné jadis M. Pinard sur la valeur du sous-préfet
Taffanel, marquis de la Jonquière ! En sorte que c'est
à M. Pinard, et non à M. Chevandier de Valdrôme,
que l'heureux marquis doit la faveur de rester préfet.
M. Pinard nous l'avait donné, M. Pinard nous le conserve ; mais c'est M. Chevandier de Valdrôme qui nous
l'ôtera, lorsque M. Chevandier de Valdrôme sera suffisamment renseigné.

Permettez-moi donc, monsieur le Ministre, de vous
renseigner suffisamment, c'est-à-dire rapidement. Le
temps des simples citoyens est de l'argent ; mais le
temps d'un ministre, d'un nouveau ministre surtout,
est de l'or. Je ne gaspillerai pas cette précieuse monnaie.

Il y avait jadis, sous l'ancien régime de l'Empire,
un ancien sous-préfet qui tombait de vétusté. On savait à peine qu'il fût marquis ; mais on savait à mer-
veille qu'il ne soutenait sa maison que par une parci-
monie héroïque : tranchons le mot, le marquis sous-
préfet était avare. Seulement, son avarice avait quelque chose d'édifiant. S'il mangeait beaucoup de pain
à ses repas, c'était toujours du pain bénit ; s'il mettait
beaucoup d'eau dans son vin, c'était toujours de l'eau
de la Sallette.

Le sous-préfet oublié, le sous-préfet dédaigné laissait dire que, malgré son dévouement à l'Empereur, il appartenait au parti légitimiste et communiait avec le parti clérical. Un beau jour, je ne sais quelle dame charitable et politique, une dame du sacré-cœur de Saint-Louis et de Henri V, le recommanda chaudement à M. Pinard qui avait un faible pour toute espèce de congrégations. M. Pinard replâtra le sous-préfet en ruine et l'expédia par la grande vitesse à la préfecture de Carcassonne.

A première vue, dès son premier mot, il déplut. Comme il marmottait quelques paroles d'éloge banal sur son prédécesseur : « Que ne nous parle-t-il de son successeur ? » dit à demi-voix un employé de la préfecture.

Dès qu'il parut, dans une cérémonie publique, en costume officiel, on trouva qu'il portait ce costume comme une livrée. Quoi d'extraordinaire ! Monsieur le marquis Taffanel de la Jonquière n'a ni l'âme ni la figure d'un grand seigneur ; c'est le type accompli du fonctionnaire valet. Regardez cet homme entre les deux favoris ; il fond comme la cire sous l'œil indépendant d'un honnête homme. Regardez-le maintenant entre les deux épaules : comme il a le dos peureux ! Ne dirait-on pas le dos d'un Scapin, toujours frémissant sous la menace d'un bâton de Damoclès ?

Dans sa carrière administrative, il a porté, en effet, tous les instincts du valet passé maître. Sournois et soupçonneux à l'excès, servile à dégoûter du dévouement, tyrannique à faire exécrer l'autorité, il n'étendait son influence que par la démoralisation des caractères.

Pas un de ses actes n'a été exclusivement inspiré

par l'équité ou l'intelligence. Quiconque le sollicitait devait d'avance inféoder son vote. Aucune faveur, aucun emploi n'étaient accordés qu'en vue des élections. Chacun de ses administrés, s'il avait affaire à lui, devait accepter sous les trois espèces la candidature officielle de la préfecture : on s'engageait à la fois pour le conseil municipal, pour le conseil général et pour le Corps législatif. Vous voyez, monsieur le Ministre, quel respect il professait alors pour la conscience de l'électeur.

Les instituteurs lui étaient suspects : il les plaçait hiérarchiquement et jésuitiquement sous la surveillance d'un instituteur-doyen.

Les commissaires de police eux-mêmes lui portaient ombrage, quand il ne les avait pas nommés.

Dans un pays profondément démocratique par les mœurs et les caractères, il n'a jamais eu de relations qu'avec des prêtres ignorants et arriérés, avec de prétendus gentilshommes qui ne sont que les fils ou les petits-fils d'anciens vilains à savonnette, qui datent des croisades de 1815, et qui ont fait leurs preuves de moyenne bourgeoisie pour monter dans les carrosses de Louis-Philippe.

Irrésolu parce qu'il est incapable, il n'a pas même été un préfet à poigne : il a fait une émeute sans le savoir et le vouloir. C'est un Pastoureau-Jocrisse.

Tel est, monsieur le Ministre, le signataire de la fameuse circulaire du 16 janvier. Connaissez-vous beaucoup d'exemples d'une aussi révoltante palinodie ?

Maintenant que vous voilà renseigné, il ne tient qu'à vous de faire justice. M. le marquis de la Jonquière s'est adressé à lui-même avec un étrange cynisme le mot de la comédie classique : « Allons, saute, marquis ! » Eh bien, soit ! Il aura sauté, mais dans un fossé. Le saut aura été une culbute.

Veuillez agréer, monsieur le Ministre, l'hommage de mon profond respect.

Un ancien Magistrat,

Post-Scriptum. — Pour votre complète édification, monsieur le Ministre, je crois utile de mettre sous vos yeux les jugements portés sur M. de la Jonquière par les organes les plus sérieux et les plus spirituels de la presse parisienne. Sous une forme légère et piquante, M. Francisque Sarcey du *Gaulois*, M. Aurélien Scholl du *Paris-Journal* et M. Édouard Lockroy du *Rappel* développent et commentent la grave sentence du *Journal des Débats*, de la *Gazette de France* et du *Temps*.

Les deux jurys de l'opinion publique ont prononcé le même verdict.

M. LE MARQUIS DE LA JONQUIÈRE

JUGÉ

PAR LE JOURNAL DES DÉBATS.

« . . . .

. . . .

« Un administrateur français ne doit pas ressembler à un orgue de Barbarie qui joue les airs les plus variés selon la planchette qui introduit la main du maître, et la considération qu'il est indispensable que l'administration conserve pour le service de l'État est trop sérieusement affaiblie par de telles pratiques. Le cabinet ne peut oublier, en outre, que les départements doivent surtout juger et sentir le changement des systèmes par le changement des personnes. Après de longues incertitudes, l'Empereur a bien compris qu'on ne croira à un changement de régime irrévocable qu'après le changement complet de ministère; c'est maintenant au cabinet qu'il appartient de donner à son tour au public, en ce qui dépend de lui, une preuve analogue de la révolution pacifique qui s'est accomplie et de l'heureux changement survenu dans l'état de la France. »

PAR LA GAZETTE DE FRANCE.

Nous partageons tout à fait cette manière de voir, et quand nous la voyons exprimée aujourd'hui par tant de journaux, il nous sera permis de rappeler que nous l'avons nous-même formulée dès les premiers jours du cabinet.

Qu'on ne s'y trompe pas, la question, déjà très-importante à Paris, est bien plus grave encore dans les départements ; elle se complique et s'envenime par les questions locales. Il y a beaucoup de départements, beaucoup d'arrondissements où les représentants de l'administration se sont fait par leurs procédés une position intolérable. Leur présence, si elle s'y prolonge, y sera un obstacle invincible à des rapprochements que le nouveau cabinet doit désirer, et qu'il est dans sa mission d'opérer.

PAR LE TEMPS.

21 janvier 1870.

Les journaux de province nous apportent deux documents curieux, et faits pour donner une vraie satisfaction à l'opinion libérale. Ce sont les proclamations, en style tout nouveau, publiées par MM. les préfets de l'Aude et d'Ille-et-Vilaine, à propos des élections qui vont avoir lieu dans ces deux départements, par suite de l'annulation de celles de M. Isaac Pereire et de M. Rouxin. Ces proclamations ne laissent rien à désirer. Elles posent les vrais principes, elles témoignent du plus complet respect de la liberté électorale, et elles tranchent d'une façon presque miraculeuse sur le langage auquel l'administration nous avait habitués. Bref, elles font un incontestable honneur au gouvernement qui les a inspirées. Il y a pourtant une observation à faire, et elle ne manque pas de gravité. Nous n'avons rien à dire de M. Callac, préfet d'Ille-et-Vilaine, qui, si nous ne nous trompons, n'administrait pas le département lors des dernières élections générales, et qui se borne, d'ailleurs, dans sa circulaire, à énoncer simplement les choses nécessaires. M. le marquis de la Jonquière est à la fois plus solennel et plus lyrique ; il se montre plein d'enthousiasme pour « les principes nouveaux » et pour « le ministère libéral » qui est chargé de les appliquer. Ce ministère, dit le préfet, « est profondément dévoué au pays, » ce qui semble insinuer que les ministères précédents l'étaient moins, ou ne l'étaient pas du tout. M. de la Jonquière apprend, en outre, aux électeurs, « que leur conscience ne relève d'aucune puissance humaine, et que nul ne leur demandera compte de leurs préférences. » Quand on lit de pareilles choses, on éprouve quelque déplaisir à se rappeler que ce fonctionnaire, auquel la liberté inspire aujourd'hui de tels transports, a présidé à l'élection qui a été cassée. Sans amnistier sa conduite précédente, on l'estimerait plus, ce nous semble, s'il avait mieux aimé donner sa démission que de chanter la palinodie. Ce sont de tels faits, ce sont de tels exemples qui sont la critique la plus amère de notre centralisation. Qu'est-ce donc qu'un mécanisme administratif, qu'est-ce qu'une hiérarchie laïque, qu'est-ce qu'une tradition de gouvernement qui a la puissance d'annuler à ce point le caractère d'un homme, de transformer en *Maîtres-Jacques* les gens qui doivent représenter l'autorité et la faire respecter, et de leur commander le même enthousiasme servile et factice pour les politiques les plus opposées ? On annonce pour un de ces jours un virement considérable dans le personnel de MM. les préfets. Un des organes du cabinet, le *Français*, reconnaît lui-même que ce ne sera pas assez, et qu'il faudrait un personnel nouveau. Mais il craint que le cabinet ne puisse aller jusque-là. Ce qu'il faudrait surtout, c'est la réforme d'une machine administrative qui produit de tels résultats. Le centre droit, d'où le ministère est issu, nous avait promis l'étude d'un système complet de décentralisation. Quand commencera-t-on ?

ULYSSE LADET.

PAR LE GAULOIS.

LE COURRIER DE MONSIEUR LE MARQUIS.

M. le marquis de la Jonquière est, comme on sait, préfet de l'Aude. L'élection d'un des députés qu'il avait fait nommer, par mesure administrative, vient d'être cassée. Il s'agit de procéder à une nouvelle convocation du corps électoral.

Mais le ministère a changé dans l'intervalle d'une élection à l'autre, et aussi le ton des circulaires que M. le préfet adresse à son personnel. Il recommande à ses administrés d'y voter librement, sous l'inspiration de leur seule conscience, et leur déclare qu'au besoin le gouvernement les défendrait contre toute pression administrative.

Vous avez lu sans doute au journal cette pièce d'éloquence. Quand elle eut été composée, recopiée et expédiée, M. le marquis se frotta les mains fort satisfait de sa prose, et attendit le résultat.

Voici le dépouillement du courrier qu'il reçut le lendemain :

I

Boissac-les-Agneaux, 21 janvier 1870.

Monsieur le préfet,

Au reçu de votre honorée circulaire, en date du 18, par laquelle il a été notifié aux électeurs qu'ils auraient à voter librement, j'ai convoqué chez moi les membres les plus influents de la commune pour leur faire part de vos intentions, et leur expliquer qu'ils avaient, cette fois, ordre formel d'être indépendants.

Quand j'ai eu fini, ils m'ont demandé si au cas où ils vous obéiraient et voteraient, comme vous le désiriez, librement, ils auraient toujours le pont que vous nous avez promis, pour que le candidat que vous patronniez autrefois et dont la Chambre n'a pas voulu, fût nommé par nous.

J'étais un peu embarrassé pour répondre. Mais je n'ai pas trop cru m'avancer, monsieur le préfet, en disant que vos promesses tenaient toujours, tant que vous resteriez à votre poste ; et que M. le ministre vous eût sans doute relevé de vos fonctions s'il avait désapprouvé votre conduite.

Nous vous supplions donc, monsieur le préfet, de nous indiquer d'une façon plus claire pour qui nous devons voter librement, afin de ne pas perdre notre pont, qui, je vous l'assure, est indispensable à la prospérité du pays.

Nous faisons des vœux pour la vôtre, et nous sommes, monsieur le préfet, vos humbles et obéissants serviteurs,

Le maire de Boissac.

II

Rivet, 18 janvier 1870.

Monsieur le préfet,

J'ai lu et relu la circulaire que vous m'avez fait l'honneur de m'adresser, et, sans m'arrêter aux mots qui sont imposés par les circonstances actuelles à toute la hiérarchie des fonctionnaires, j'en ai pénétré le sens, qui, je l'avoue humblement, n'était pas difficile à deviner.

Le député nommé par vous, et que la Chambre a eu l'inconvenance de renvoyer devant ses électeurs, sera réélu, je vous en donne ma parole. Je crois avoir un peu de flair, et vous connaissez mon dévouement.

J'ai déjà rassemblé mon personnel, et j'ai pris la liberté de lui commenter vos paroles. Quoiqu'elles fussent bien claires pour un esprit un peu délié, quelques-uns de mes agents l'ont si obtus qu'ils auraient pu s'y tromper.

Déjà tous les contribuables qui, d'une façon ou d'une autre, sont sous notre coupe, hôteliers, marchands de vins, colporteurs, etc., ont reçu avis qu'ils seraient criblés de procès-verbaux s'ils ne marchaient pas droit en cette affaire. J'ai prévenu moi-même en confidence l'imprimeur de Rivet qu'il n'imprimât rien sans ma permission, ou qu'autrement son brevet lui serait retiré; j'ai menacé de la prison tous les marchands de journaux s'ils en vendaient un seul qui fût hostile.

J'ai pris en un mot toutes les mesures ordinaires. J'espère que vous accorderez à mon zèle les mêmes témoignages d'estime dont vous m'avez déjà maintes fois comblé, en diverses occasions.

J'ai l'honneur d'être, monsieur le préfet, votre très-humble, etc.,

Le Commissaire de police de Rivet.

III

Chivac, 18 janvier 1870.

Monsieur le préfet,

L'esprit de la commune est excellent. Tous les électeurs sont prêts à voter librement, suivant leur conscience, pour le candidat que vous aurez choisi. Nous sommes très-inquiets de savoir si c'est toujours le même. Nous vous supplions de nous renseigner à cet égard. Le brigadier a arrêté un certain Barthélemy Copeau, bien connu pour sa mauvaise tête, qui, en lisant sur les murs votre circulaire affichée, a dit tout haut que ce n'était pas aux gens, qui n'avaient pas de conscience eux-mêmes, à parler de conscience aux électeurs.

Il a été évident pour tout le monde, monsieur le préfet, qu'il entendait vous désigner par là. Il a ajouté d'autres propos également subversifs : que ceux qui recommandaient la liberté après avoir soutenu le despotisme, étaient des traîtres et des vendus. C'est sur ce mot, qui ne pouvait s'appliquer à un autre qu'à vous, monsieur le préfet, que mon brigadier lui a mis la main au collet, et l'a conduit au violon.

Nous attendons vos ordres sur cette affaire.

J'ai l'honneur d'être, monsieur le préfet, etc.,

Le Capitaine de gendarmerie de Rivet.

IV

Saint-Férol, 18 janvier 1870.

Monsieur le préfet,

J'ai l'honneur de vous envoyer, dans la chemise ci-jointe, les notes secrètes que vous m'avez demandées, il y a quelques mois, sur les habitants de ma justice de paix. J'ose espérer qu'elles ne vous seront pas inutiles, même aujourd'hui. Il est évident pour moi que la liberté nouvelle, que vous nous recommandez dans votre circulaire, ne pourra s'exercer que sous l'action d'une autorité protectrice.

Je ne puis croire que les ministres, choisis par Sa Majesté l'Empereur, veuillent déchaîner sur notre malheureuse France la licence et l'anarchie. Et la meilleure preuve qu'ils aient pu donner de leurs intentions conservatrices, c'est d'avoir gardé monsieur le préfet à la tête de notre beau département, un homme qui a su, d'une main si ferme, tenir en bride les excès de la démagogie.

Les bons n'auront rien à craindre tant que vous demeurerez ferme à votre poste, et M. le ministre, en vous y maintenant, a hautement affirmé son intention de ne point encourager les chimériques espérances des fous, qui comptaient sur un changement de système, pour tout renverser.

J'ai l'honneur d'être, monsieur le ministre, etc.

Le juge de paix de Saint-Férol.

Marquis de Mascarille,

De la conscience ! de la liberté ! as-tu fini? ton ministre et toi, et toute ta boutique, un tas de farceurs !

Le jour du peuple approche !

Un abonné de la *Marseillaise.*

V

Paris, 18 janvier 1870.

Monsieur le préfet,

Son Excellence a pris connaissance de vos circulaires.

Tout en rendant justice à votre intention, elle me charge de vous témoigner ses regrets pour la phrase où, parlant du dévouement du ministère actuel, vous semblez mettre en suspicion celui des ministres qui ont été relevés de leurs fonctions.

Son Excellence a daigné dire que les ministres aujourd'hui tombés, étaient dévoués à l'Empereur, comme vous-même vous étiez dévoué à ses ministres. Il n'y a qu'un ministre, comme il n'y a qu'un préfet, toujours le même, sous divers noms, et qui est imperturbablement dévoué à la dynastie existante.

C'est en vertu de ces principes que vous avez pu être conservé à votre poste, pour appliquer un régime de tous points contraire à celui que vous avez protégé jusqu'ici.

C'est que l'on connaît votre dévouement inaltérable. Vous êtes dévoué non pas à un ministre, mais au ministre, de quelque nom qu'il se nomme, comme le ministre est toujours dévoué à l'Empereur et au pays.

Ce sont là, monsieur le préfet, les maximes qui doivent régir votre conduite. Ce sont là les maximes de la vraie liberté.

Veuillez agréer, monsieur le préfet, etc.

Le Chef du cabinet,

Ministère de l'Intérieur,

FRANCISQUE SARCEY.

PAR LE RAPPEL.

23 janvier 1870.

L'empire semble avoir pris à tâche de moraliser le pays. Au moins nous donne-t-il perpétuellement de nobles exemples. Et celui que nous offrent, en ce moment, les préfets, semble digne de toute notre admiration. Connaissez-vous rien de plus beau, de plus touchant, de plus digne du grand règne de Napoléon III que l'abnégation d'un homme qui sacrifie tout, gloire, considération, amitié, faveur populaire, au seul espoir de garder sa place?

Monsieur le marquis de la Jonquière! préfet résidant à Carcassonne, préfet à poigne d'autrefois, préfet libéral d'aujourd'hui, préfet impérialiste toujours, honneur à vous! Vous avez montré à vos confrères la route qu'il faut suivre. Vous avez été grand. Vous avez été superbe. Vous avez « répudié le passé » comme on quitte un vieil habit. Avec cette différence, seulement, qu'on peut vendre un vieil habit et que votre passé politique ne trouverait point d'amateurs. Qui donc voudrait acheter votre passé?

Et puis vous avez été franc. En vous adressant aux électeurs de l'Aude, convoqués de nouveau, grâce peut-être à vos opérations électorales, vous dites:

« Votre choix entre les candidats sortira des seules inspirations de votre conscience. » Et vous ajoutez: « C'est sous le régime des principes nouveaux que vous êtes appelés à déposer un vote. »

Ainsi donc, sous le régime des principes anciens, les inspirations de la conscience ne comptaient pas. La conscience était remplacée par le garde champêtre. M. de la Jonquière aurait pu ajouter que plus de deux cents députés ont été élus « sous le régime des principes anciens ». Il aurait pu ajouter encore que c'est avec ces deux cents et quelques députés que M. Émile Ollivier compte gouverner le pays. Cela nous aurait aidés à juger les « principes nouveaux. »

Mais quel spectacle vous nous donnez, monsieur de la Jonquière ! Et qu'il est édifiant de vous voir si libéral aujourd'hui quand on vous a vu, hier, si autoritaire! Qu'il est doux de penser, ou que vous souteniez « les principes anciens » sans y croire, ou que vous soutenez « les principes nouveaux » sans y tenir! Votre petite circulaire vaut de l'or. Chaque phrase semble signifier : « Les inspirations de ma conscience » me disent de ne pas donner ma démission !

Mais quel chemin votre conscience a-t-elle donc suivi, pour en arriver là? Ce devait être ce fameux chemin qui mène à

Damas. Vous êtes un nouveau saint Paul. Vous marchiez tranquillement, escorté de vos sous-préfets, de vos maires, de vos juges de paix et de vos gardes champêtres, quand tout à coup, l'orage libéral est survenu. Quelle tempête ! Le paysage impérial prit subitement des aspects sinistres. Le pouvoir personnel sembla frappé de la foudre ; le vieux chêne Rouher, déraciné, tomba en travers du chemin. On entendit craquer les ministres comme des arbres secoués par l'aquilon ; et tandis que vous étiez là, incertain, dans les ténèbres, sous la pluie, les nuées s'entr'ouvrirent, et une clarté surnaturelle inonda les campagnes. Vos gardes (champêtres) tombèrent à genoux, et vous vîtes alors, au sommet du ciel, une figure radieuse. Était-ce le Christ ou Dieu le Père? Elle avait une calotte noire, des lunettes, et l'air placide. Et elle dit:

« Je suis celui qui est. »

Vous avez reconnu votre maître. En est-il d'autre, pour un préfet, que celui qui est ministre?

Et vous êtes tombé à genoux. Et, à votre tour, vous avez dit:

« Seigneur, que ta volonté soit faite ! Je glorifierai ton nom et je conserverai mes appointements. »

E. LOCKROY.

PAR LE PARIS-JOURNAL.

Le marquis de la Jonquière cherche à se retourner et, dans une nuit sans lune, il a écrit, au coin d'un bois, une circulaire qui est un chef-d'œuvre.

Il n'est pas un prêtre qui lui refusât l'absolution après une confession si complète, que le repentir y tutoie la naïveté.

Pauvres préfets! on est plus dur pour vous que pour les anciens rédacteurs du *Figaro* et de l'*Étendard*.

On pardonne à ces derniers; on leur ouvre les rangs. Nul ne doit compte de son passé. A vous seuls, messieurs les préfets, les rigueurs de l'enquête....

Pastoureau est perdu.

La manœuvre de M. de la Jonquière a un nom, cela s'appelle « prendre la peau d'un autre homme. »

AURÉLIEN SCHOLL.

PAR LE MONITEUR UNIVERSEL.

Nous avons eu occasion de constater ces jours-ci, que depuis l'avénement du cabinet du 2 janvier, le langage politique des préfets s'était notablement amélioré. Une récente circulaire du préfet de l'Aude aux maires d'une circonscription électorale de son département nous avait paru donner, sous ce rapport, la mesure exacte et heureuse des principes qui animent le ministre de l'intérieur, et caractériser d'une façon très-nette et très-libérale la nature des instructions qu'il transmet à ses agents.

A ce propos, nous recevons d'un de nos correspondants de Carcassonne une lettre intéressante à plus d'un titre, mais que nous ne croyons pas devoir reproduire parce qu'elle engage trop vivement des questions personnelles[1]. Notre honorable correspondant se donne le facile plaisir de mettre M. de la Jonquière, préfet de l'Aude, en contradiction flagrante avec lui-même dans la question électorale, et il lui reproche d'avoir pu, à six mois de distance, tenir sans sourciller, sur ce point important, deux langages non-seulement opposés, mais contradictoires. « Eh quoi! dit-il, M. de la Jonquière ose déclarer.... que, sous le régime des principes nouveaux, l'électeur ne s'inspirera que de sa conscience, qui ne relève d'aucune puissance humaine! Mais où prenait-il ses inspriations et de qui relevait sa conscience sous le régime ancien? M. de la Jonquière pourrait nous le dire mieux qu'un autre, car son administration, pendant vingt ans, a été la négation constante des principes dont il se fait aujourd'hui l'ardent néophyte. »

Évidemment, notre correspondant a des scrupules sur la question de savoir si le gouvernement doit donner sa confiance aux préfets qui ont été les auxiliaires exagérés du pouvoir personnel. Ses scrupules sont un peu les nôtres, avec cette nuance cependant que pour nous, dans le milieu où nous apparaissent les choses, l'essentiel n'est pas que les préfets soient tous remplacés, mais qu'ils reçoivent des instructions conformes aux principes du gou-

---

1. Voir à la suite de l'article la lettre à laquelle le Moniteur fait allusion.

vernement parlementaire et qu'ils les exécutent avec ponctualité. Or, le cas de M. de la Jonquière nous semble très-explicite. Ce préfet publie une circulaire irréprochable; nous en concluons qu'il a été invité à l'écrire, et qu'il a obéi à cette invitation.

Quant à aller plus loin, quant à émettre l'opinion que les préfets qui se prêtent à ces changements de gaieté de cœur donnent là un bon exemple de moralité politique, *et n'avilissent pas la considération* qui doit s'attacher aux fonctionnaires d'un gouvernement fort et respecté, c'est une autre question. Mais notre correspondant comprendra qu'il ne nous appartient pas de la résoudre. Le gouvernement lui-même a d'ailleurs autant d'intérêt que nous à ne pas laisser discréditer son autori é et son influence en des mains impuissantes à les retenir, et il est probable que, dans le mouvement préfectoral qui se prépare en ce moment, il sera tenu grand compte des convenances et des nécessités sur lesquelles insiste notre correspondant. En attendant nous ne pouvons répéter qu'une chose : c'est que M. de la Jonquière, dont la conversion rappelle un peu celle de saint Paul, a publié une circulaire fort libérale, et que nous ne saurions voir sans plaisir les idées que nous avons toujours défendues, faire invasion jusque dans les écrits de MM. les préfets.

E. Bauer.

LETTRE

ADRESSÉE AU RÉDACTEUR EN CHEF

DU

MONITEUR UNIVERSEL

Monsieur le Rédacteur,

Le *Moniteur universel*, qui prête au cabinet Ollivier-Buffet un concours aussi intelligent que dévoué, doit être naturellement heureux de signaler les fonctionnaires qui, par l'impartialité et le libéralisme de leurs actes, font apprécier aux populations les bienfaits que leur assure le gouvernement parlementaire.

Frappé du libéralisme qui a inspiré la circulaire que M. le préfet de l'Aude vient d'adresser à ses administrés, vous vous êtes hâté d'appeler sur ce fonctionnaire et sur son nouveau langage les applaudissements du public.

Mais pourquoi accorder tant de confiance à ce libéralisme de si fraîche date? N'était-il pas au moins excessif, étrange, dans la bouche d'un homme qui pendant dix-huit ans a été l'exécuteur servile des volontés et des caprices du pouvoir personnel? d'un homme qui n'a dû sa domination sous le ministère Pinard qu'aux influences cléricales?

Eh quoi! M. Taffanel de La Jonquière ose dire aux habitants de l'Aude, qui connaissent ses antécédents et ses tendances, que, « *sous le régime des principes nouveaux, l'électeur ne s'inspirera que de sa conscience qui ne relève d'aucune puissance humaine!* » Mais où prenait-il ses inspirations et de qui relevait sa conscience sous le régime ancien? M. Taffanel de La Jonquière pourrait nous le dire mieux qu'un autre, car son administration pendant vingt ans a été la négation constante des principes dont il se fait aujourd'hui l'ardent néophypte. Et pas besoin ne sera de remonter bien haut dans son passé pour trouver une preuve concluante de ce que j'avance.

De tous les arrondissements, celui de Limoux était le plus paisible, le plus soumis, le plus dévoué. Un décret de janvier 1869 venait de constituer son autonomie politique, en établissant en sa faveur une troisième circonscription dans l'Aude. Ce petit pays jouissant, pour la première fois, du droit d'être représenté au Corps législatif, réclamait pour tous ses représentants la faveur, il ne disait pas encore le droit, de choisir librement son représentant. Deux candidats de nuances diverses se partageaient ses sympathies; tous deux, attachés au pays par les liens de la famille et de la propriété et parfaitement connus des électeurs, demandaient la neutralité. Elle était, du reste, si naturelle, si conforme aux intérêts de tous, que le gouvernement l'avait promise malgré son système invétéré d'intervention. Mais M. Taffanel de la Jonquière n'eut ni cesse ni fin qu'il n'eût fait revêtir du caractère officiel, pour l'imposer aux populations, un candidat dont le principal mérite était de satisfaire ses petites préférences personnelles. Quand le conseiller général maire de la ville de Quillan, à la tête de sa population, lui disait : « Monsieur le préfet, votre antipathie personnelle pour le candidat que la raison publique vous désigne, facilitera l'entrée au Corps législatif d'un ennemi de l'empereur, » ce préfet compromettant répondait publiquement à ce maire et à cette population : « VOTRE CANDIDAT... L'EMPEREUR VOUS LE DONNERA » (textuel). Le pouvoir central avait signifié le maintien de sa neutralité, mais M. Taffanel de la Jonquière, à l'aide d'une intrigue ourdie par des influences que vous avez toujours combattues, invoquant les nécessités politiques, soulevant des questions de personnes, fait revenir le gouvernement sur une décision prise et fait surgir une candidature officielle aussi inconsistante qu'impopulaire et qu'on dut abandonner quelques jours après. C'est depuis lors que nos populations, autrefois si paisibles, ne trouvant plus en haut la sage direction qu'elles avaient toujours reçue, se sont égarées, et les récents et pénibles débats parlementaires, qui ont eu pour résultat l'invalidation de l'élection de M. Isaac Péreire, vous les ont montrées livrées aujourd'hui au désordre et à la démoralisation la plus complète.

Ah ! monsieur le rédacteur, lorsque vous avez dit avec juste raison que « l'écueil du nouveau gouvernement est à vos yeux la facilité avec laquelle les fonctionnaires qui ont servi sans mesure le pouvoir personnel en viennent aujourd'hui à offrir le même dévouement à un ministère libéral et parlementaire, » et que vous avez reproduit avec éloge la circulaire de M. de la Jonquière, vous ne soupçonniez pas à coup sûr que ce préfet appartenait, plus que tout autre, à cette catégorie de fonctionnaires *sans mesure* dont la palinodie vous paraît à bon droit suspecte.

Quelques renseignements pris au ministère de l'inrieur ou ailleurs, vous auraient édifié sur le compte de M. Taffanel de la Jonquière, et vous auriez évité une appréciation qui, pour beaucoup, aura l'air d'une mystification et qui serait de nature à diminuer la légitime autorité de votre journal.

Votre esprit éminemment libéral, votre sens politique, votre indépendance, qui ont fait la prospérité toujours croissante de la feuille que vous dirigez, ne vous permettent pas de glorifier un personnage qui, par son audacieuse palinodie, espère sauver sa situation compromise et couvrir sa nullité notoire.

Agréez, Monsieur le rédacteur, etc., etc.

Un de vos abonnés.

IMPRIMERIE GÉNÉRALE DE CH. LAHURE
Rue de Fleurus, 9, à Paris